Aristote

DE LA MÉMOIRE
ET DE
LA RÉMINISCENCE

traité

ISBN : 978-1537087047

10 9 8 7 6 5 4 3 2 1

Aristote

DE LA MÉMOIRE ET DE LA RÉMINISCENCE

traité

Table de Matières

CHAPITRE PREMIER

De la nature de la mémoire, et de la partie de l'âme de laquelle elle dépend : diversité de la mémoire suivant les organisations. — La mémoire ne s'applique jamais qu'au passé : elle relève directement du principe même qui sent en nous ; et voilà comment elle se trouve dans beaucoup d'animaux autres que l'homme : rapports de la mémoire à l'imagination. Théorie spéciale de la mémoire : la notion actuelle dont l'esprit a conscience lui rappelle un objet passé : explication de ce phénomène : comparaison de la mémoire et d'un cachet : causes de la faiblesse de la mémoire chez les enfants et les vieillards. — La mémoire comparée à un tableau, qui est à la fois quelque chose de réel et une simple copie : rapports de la pensée à l'image dans l'esprit. — Hallucinations de la mémoire : exemples d'Antiphéron et de quelques extatiques.

§ 1. Qu'est-ce que la mémoire ? Qu'est-ce que c'est que se souvenir ? Quelle est la cause de ces phénomènes ? Entre les parties diverses de l'âme, quelle est celle à laquelle se rapportent, et cette faculté, et l'acte qui constitue le souvenir, la réminiscence ? C'est ce que nous allons rechercher. En effet, ce ne sont pas les mêmes personnes qui ont de la mémoire, et qui se ressouviennent par réminiscence. D'ordinaire, ce sont les esprits lents qui ont le plus de mémoire ; mais ceux qui se ressouviennent avec le plus de facilité et ont le plus de réminiscence, ce sont les esprits qui sont vifs et s'instruisent sans peine.

§ 2. Voyons d'abord quels sont les objets auxquels s'applique la mémoire ; car c'est un point sur lequel on se trompe assez souvent. En premier lieu, on ne peut se rappeler l'avenir ; l'avenir ne peut être l'objet que de nos conjectures et de nos espérances ; ce qui ne veut pas dire qu'il ne puisse y avoir une science de l'espérance, nom que parfois l'on donne à la divination. La mémoire ne s'applique pas davantage au présent : c'est l'objet de la sensation ; car la sensation ne nous fait connaître ni le futur, ni le passé ; elle nous donne le présent, et pas autre chose. La mémoire ne concerne que le passé, et l'on ne peut jamais dire qu'on se rappelle le présent quand il est présent ; par exemple, qu'on se rappelle cet objet blanc au moment même où on le voit, pas plus qu'on ne se rappelle l'objet que l'esprit contemple, au moment où on le contemple et où on le pense ; on dit seulement qu'on sent l'un et qu'on sait l'autre. Mais lorsque, sans la présence des objets eux-mêmes, on en possède la science et la sensation, alors c'est la mémoire qui agit ; et c'est ainsi qu'on se souvient que les angles du triangle sont égaux à deux droits, tantôt parce qu'on a appris ce théorème ou que l'intelligence l'a conçu, tantôt parce qu'on l'a entendu énoncer, ou qu'on en a vu la démonstration, ou qu'on l'a obtenue de telle autre façon pareille. En effet, toutes les fois qu'on fait acte de souvenir, on se dit dans l'âme qu'on a antérieurement entendu la chose, qu'on l'a sentie ou qu'on l'a pensée.

§ 3. Ainsi donc la mémoire ne se confond ni avec la sensation ni avec la conception intellectuelle ; mais elle est ou la possession ou la modification de l'une des deux, avec la condition d'un temps écoulé. Il n'y a pas de mémoire du moment présent dans le moment même, ainsi qu'on vient de le dire ; il n'y a que sensation pour le présent, espérance pour l'avenir, et mémoire pour le passé. Ainsi la mémoire est toujours accompagnée de la notion du temps. Il s'ensuit que parmi les animaux, il n'y a que ceux qui ont perception du temps qui aient de la mémoire ; et ils l'ont précisément par cette faculté même qui leur sert à percevoir.

§ 4. Antérieurement, nous avons parlé de l'imagination dans le Traité de l'Ame, et nous avons dit qu'on ne peut penser sans images. Le phénomène qui se passe dans l'acte de l'entendement est absolument le même que pour le tracé d'une figure géométrique qu'on démontre. Ainsi, quand nous traçons une figure, bien que nous n'ayons aucun besoin de savoir précisément la grandeur du triangle décrit, nous ne l'en traçons pas moins d'une certaine dimension déterminée. De même, en le pensant par l'entendement, bien qu'on ne pense pas à sa dimension, on se le place cependant devant les yeux avec une dimension quelconque ; et on le pense en faisant abstraction de cette grandeur. S'il s'agit de la nature seule des quantités, bien qu'elles soient complètement indéterminées, la pensée se pose toujours une quantité finie, et elle ne pense aux quantités qu'en tant que quantités seulement. On expliquera du reste ailleurs comment il se fait qu'on ne peut penser ni sans la notion du continu, ni sans la notion du temps, même des choses qui ne sont pas dans le temps. Il faut nécessairement que la notion

CHAPITRE PREMIER

de grandeur et de mouvement nous vienne de la faculté qui nous donne aussi celle de temps ; et l'image n'est qu'une affection du sens commun. Il en résulte évidemment que la connaissance de ces idées est acquise par le principe même de la sensibilité.

§ 5. Or la mémoire des choses intellectuelles ne peut non plus avoir lieu sans images ; et, par suite, ce n'est qu'indirectement que la mémoire s'applique à la chose pensée par l'intelligence ; en soi, elle ne se rapporte qu'au principe sensible. voilà bien pourquoi la mémoire appartient à d'autres animaux, et n'est pas le privilège des hommes et généralement des êtres qui ont les facultés de l'opinion et de la réflexion, tandis que si elle était une des parties intellectuelles de l'âme, elle manquerait à beaucoup d'animaux autres que l'homme ; peut-être même ne serait-elle le partage d'aucun être mortel. Maintenant même elle n'appartient pas à tous les animaux, attendu que tous n'ont pas la notion du temps. En effet, quand on fait acte de mémoire, on sent toujours en outre, comme nous l'avons dit, qu'antérieurement on a vu, entendu, ou appris telle chose. Or Avant et Après se rapportent au temps. Ainsi donc, à quelle partie de l'âme appartient la mémoire ? Évidemment à cette partie de qui relève encore l'imagination ; les choses qui en soi sont les objets de la mémoire sont toutes celles qui sont aussi du domaine de l'imagination ; et celles-là ne sont qu'indirectement ses objets, qui ne peuvent exister non plus sans cette faculté.

§ 6. Ici l'on pourrait se demander comment il se fait que la modification de l'esprit étant seule présente, et l'objet même étant absent, on se rappelle ce qui n'est pas présent. Évidemment on doit croire que l'impression qui se produit par suite de la sensation dans l'âme, et dans cette partie du corps qui perçoit la sensation, est analogue à une espèce de peinture, et que la perception de cette impression constitue précisément ce qu'on appelle la mémoire. Le mouvement qui se passe alors empreint dans l'esprit comme une sorte de type de la sensation, analogue au cachet qu'on imprime sur la cire avec un anneau. Voilà pourquoi ceux qui par la violence de l'impression, ou par l'ardeur de l'âge, sont dans un grand mouvement, n'ont pas la mémoire des choses, comme si le mouvement et le cachet étaient appliqués sur une eau courante. Chez d'autres, au contraire, qui en quelque sorte sont froids comme le plâtre des vieilles constructions, la dureté même de la partie qui

Aristote

reçoit l'impression empêche que l'image n'y laisse la moindre trace. Voilà pourquoi les tout jeunes enfants et les vieillards ont très peu de mémoire. Ils coulent en effet, les uns parce qu'ils se développent, les autres parce qu'ils dépérissent. De même encore ceux qui sont trop vifs, et ceux qui sont trop lents, n'ont ordinairement de mémoire ni les uns ni les autres : ceux-ci sont trop humides, et ceux-là sont trop durs ; par conséquent, l'image ne demeure point dans l'âme des uns et n'effleure pas l'âme des autres.

§ 7. Mais si c'est bien ainsi que les choses se passent pour la mémoire, est-ce de cette impression de l'esprit qu'on se souvient, ou de l'objet même qui l'a produite ? Si c'est de l'impression, on ne se souviendrait en rien des choses qui sont absentes : et si c'est de l'objet, comment, tout en sentant l'impression, nous rappelons-nous l'objet absent que nous ne sentons pas ? En admettant qu'il y ait en nous quelque chose de pareil à un cachet ou à une peinture, comment se fait-il que ne sentant que cette chose, nous nous en rappelons cependant une autre, et nous ne nous rappelons pas cette chose elle-même ? Ainsi, lorsqu'on fait acte de mémoire, on contemple en soi cette impression et on ne sent qu'elle ; comment donc se rappelle-t-on pourtant un objet qui n'est pas présent ? Ce serait en effet voir et entendre une chose qui n'est pas présente. Mais n'y a-t-il pas une manière d'expliquer comment ce phénomène est possible et comment il s'accomplit ? Ainsi, l'animal peint sur le tableau est à la fois un animal et une copie ; et tout en étant un et le même, il est pourtant ces deux choses à la fois. L'être de l'animal et celui de l'image ne sont pas cependant identiques ; et on peut se représenter cette peinture, soit comme animal, soit comme copie d'un animal. Il faut supposer aussi que l'image qui se peint en nous, y est absolument de cette même façon, et que la notion que l'âme contemple est quelque chose par elle-même, bien qu'elle soit aussi l'image d'une autre chose. Ainsi donc, en tant qu'on la considère en elle-même, c'est une représentation de l'esprit, une image ; en tant qu'elle est relative à un autre objet, c'est comme une copie et un souvenir.

§ 8. Par conséquent aussi, quand le mouvement de cet objet a lieu, si c'est en tant qu'il est lui, l'âme le sent alors ainsi lui-même, comme lorsqu'une pensée intelligible ou une image se manifeste en elle et la traverse. Si, au contraire, c'est en tant que cet objet se

CHAPITRE PREMIER

rapporte à un autre, l'âme ne le voit que comme une copie, ainsi que dans le tableau où, sans avoir vu Coriscus en toute réalité, on le considère comme la copie de Coriscus. Mais il y a quelque différence dans cette contemplation que l'âme peut faire ; quand elle considère l'objet comme animal figuré, l'impression ne se présente alors à elle que comme une simple pensée, tandis que si l'âme considère, comme dans le second cas, qu'il n'est qu'une copie, cette impression devient pour elle un souvenir.

§ 9. Cela explique pourquoi nous ne savons pas toujours très précisément, quand des mouvements de ce genre se produisent dans notre âme à la suite d'une sensation antérieure, si c'est bien de la sensation qu'ils nous viennent ; et nous ne savons trop si c'est ou si ce n'est pas un fait de mémoire. Parfois il nous arrive de croire penser une chose, et de nous souvenir en même temps que nous l'avons antérieurement entendue ou aperçue ; et cette illusion a lieu lorsque l'esprit, contemplant la chose même, se méprend et ne la considère que comme si elle était l'image d'une autre chose. Parfois aussi, c'est tout le contraire qui a lieu, comme l'éprouva Antiphéron d'Orée, comme l'ont éprouvé bien d'autres qui ont eu des extases ; ils parlaient des images que voyait leur esprit comme si c'était des réalités, et comme s'ils s'en fussent souvenus. Et c'est là précisément ce qui se passe quand l'esprit considère, comme la copie d'une chose, ce qui n'est pas du tout une copie.

§ 10. Du reste, l'exercice et l'étude conservent la mémoire en la forçant de se ressouvenir ; et cet exercice n'est pas autre chose que de considérer fréquemment la représentation de l'esprit, en tant qu'elle est une copie et non pas en elle-même.

§ 11. Voilà donc ce qu'est la mémoire et ce que c'est que se souvenir. Répétons-le : c'est la présence dans l'esprit de l'image, comme copie de l'objet dont elle est l'image ; et la partie de l'âme à laquelle elle appartient en nous, c'est le principe même de la sensibilité, par lequel nous percevons la notion du temps.

COMMENTAIRE DU CHAPITRE PREMIER

• De la Mémoire et de la Réminiscence. Quelques manuscrits changent un peu ce titre : « De la Mémoire et du Souvenir. » Le

titre que j'ai adopté est le plus habituel. L'autre serait justifié peut-
être par le débat même de ce traité.

§ 1. Qu'est-ce que la mémoire ? La faculté par laquelle on se souvient
des choses. — Qu'est-ce que c'est que se souvenir ? L'acte même de
cette faculté ; voir plus haut la note sur la fin du traité précédent. —
Et cette faculté. Le texte dit mot à mot : « Modification, passion. »
— Et l'acte qui constitue le souvenir. J'ai dû paraphraser le texte
pour faire sentir toute la force du mot qu'emploie Aristote. — En
effet. Il y a ici une idée intermédiaire que supprime le texte : « Ces
deux choses ne sont pas identiques : on peut distinguer entre la
faculté et l'acte par lequel elle se manifeste. » En effet, etc. — Qui
ont de la mémoire. C'est-à-dire dont le mémoire garde fidèlement
les souvenirs qu'on lui confie — Et qui se ressouviennent par
réminiscence. J'ai dû paraphraser le texte pour faire sentir la
différence qu'Aristote établit entre une mémoire fidèle et une
mémoire facile. — Qui ont le plus de mémoire. Qui retiennent
les choses le plus fidèlement. — Avec le plus de facilité. J'ai dû
continuer ici à paraphraser. — Les commentateurs rappellent
avec raison que, dans le Traité de l'Âme, Aristote a établi que la
dureté ou la mollesse des chairs, suivant les individus, influait sur
l'intelligence ; Traité de l'Ame, II, IX , 9. La distinction que fait ici
Aristote entre la mémoire fidèle et la mémoire facile, peut nous
servir à comprendre celle qu'il faut faire entre la mémoire et la
réminiscence. La mémoire est la faculté dont le souvenir est l'acte ;
mais le souvenir peut être volontaire ou involontaire. Quand la
volonté intervient dans le souvenir, c'est, à proprement parler, la
réminiscence. La théorie spéciale en sera présentée au chapitre
second : voir plus loin. — Descartes, sans avoir traité directement
de la mémoire, a cependant indiqué quelques traits d'une théorie
qui peut-être était toute faite dans son esprit, bien qu'il ne l'ait pas
exposée. Il distingue, comme Aristote (voir plus bas, § 5), deux
espèces de mémoire, l'une corporelle et l'autre intellectuelle, qu'il
ne confond jamais. Voir les lettres, t. Vili, p.215, 239, 271, édit.
de M. Cousin ; t. IX, p. 167, et t. X, p. 147, 137, 160. Il est bien
à regretter que Descartes ne se soit pas étendu davantage sur ce
sujet.

§ 2. Les objets auxquels s'applique la mémoire, ou peut-être plus
brièvement : « Les objets de la mémoire. » Peut-être aussi faudrait-

il plutôt le singulier à la place du pluriel ; mais j'ai dû suivre le texte. — Une science de l'espérance. C'est la traduction littérale des mots dont se sert Aristote. — La divination. Voir plus loin le petit traité spécial sur ce sujet. — On se dit dans l'âme. Voir la même pensée exactement dans Descartes, t. X, p. 157. C'est là aussi pour lui le caractère essentiel de la mémoire. Sur ce point il est tout péripatéticien, comme sur quelques autres encore.

§ 3. La conception intellectuelle. Je crois que c'est bien là tout le sens du mot dont se sert Aristote : quelques commentateurs ont cru qu'il signifiait « l'imagination » : voir le paragraphe suivant. — Espérance, et conjecture. — Par cette faculté même qui sert à percevoir, ou « sentir. » J'ai préféré le mot « percevoir », parce que la signification en est peut-être un peu plus large.

§ 4. Dans le Traité de l'Ame, liv. III, ch. III. — On ne peut penser sans images. Traité de l'Ame, III, III, 4, et III, VII, 3. — Le phénomène qui se passe. Michel d'Ephèse et, après lui, les autres commentateurs avertissent qu'Aristote fait ici une parenthèse qui s'étend jusqu'à la fin du paragraphe. Ils trouvent ce passage fort obscur : cette dernière critique n'est pas très juste, et ce qu'Aristote dit ici de l'entendement est fort clair, quand on se rappelle ce qu'il en a dit dans le Traité de l'Ame , III, V et suiv. — Qu'on démontre. J'ai ajouté ces mots pour compléter la pensée. — En le pensant par l'entendement. J'ai dû paraphraser le texte pour en rendre toute la portée. — Devant les yeux, par l'imagination. — Avec une dimension quelconque. L'exactitude de cette observation psychologique serait peut-être contestable. — Abstraction de cette grandeur. Voir Traité de l'Ame, III, IV, 8 ; voir aussi une pensée analogue dans les Derniers Analytiques, I, X, 10. — De la nature seule des quantités. J'ai ajouté le mot « seule, » pour faire mieux comprendre qu'il s'agit des quantités en tant que quantités, et non de leurs dimensions particulières. — Ailleurs, sans doute dans la Métaphysique ; car dans le Traité de l'Ame cette question est indiquée, mais non discutée, III , IV, 8. Il est possible aussi que ce texte signifie simplement : « C'est une autre question de savoir comment il se fait, etc. » Il serait, du reste, difficile de dire dans quelle partie de la Métaphysique cette question aurait été traitée. — Affection du sens commun. Voir le Traité de l'Ame, III, Il, 10. — Par le principe même de la sensibilité, la connaissance de ces idées, des idées de grandeur, mouvement , temps ; voir le Traité de l'Ame, ll, VI, 3.

§ 5. La mémoire des choses intellectuelles. Aristote reconnait, comme Descartes, cette seconde espèce de mémoire ; mais la mémoire intellectuelle n'est pour lui qu'une mémoire indirecte ; en effet la mémoire s'applique aux objets sensibles dont les images sont les indispensables matériaux de l'entendement ; voir plus haut, § 1. — Indirectement, ou par accident. — Pensée par l'intelligence ou « intelligible, » ce qui se rapprocherait davantage du texte. — Qu'au principe sensible. L'opinion de Descartes est un peu plus large, bien qu'au fond elle puisse se confondre avec celle d'Aristote. — D'aucun être mortel. Aristote veut sans doute désigner par la, comme le remarque Leonicus, les brutes. L'homme est mortel, en effet, et cependant il a l'intelligence. Mortel veut peut-être dire ici un être chez qui tout meurt : l'âme de l'homme. au contraire, a une parcelle divine qui ne meurt pas ; voir le Traité de l'Ame, III, V, 2. — Maintenant. Dans l'état actuel des choses dans la nature telle que nous la connaissons. — Comme nous l'avons dit plus haut, § 2. — Sans cette faculté. Ce sont les choses intelligibles qui ne seraient point sans les images ; voir plus haut, § 4.

§ 6. La modification, ou l'impression : nous dirions aujourd'hui : « Le phénomène. » — De l'esprit. J'ai ajoute ces mots pour que la pensée fût claire. — Que l'impression, ou la modification ; mot à mot : « Passion. » — Et dans cette partie du corps qui perçoit la sensation, le sens commun, le principe sensible lui-même. — La perception. Le texte dit littéralement : « La possession. » — Par la violence de l'impression. Il faut entendre ceci dans le sens restreint que donne ma traduction et qu'exige le contexte, Mais un pourrait l'entendre aussi dans un sens plus large : « Ceux qui sont sous le coup d'une passion violente n'ont pas la mémoire ; » et ceci ne serait pas moins vrai. — Sont dans un grand mouvement. C'est la traduction littérale : il ne s'agit point évidemment ici du mouvement que le corps peut se donner en se déplaçant, il s'agit seulement du mouvement causé aux nerfs et a l'esprit par la force même de l'impression reçue, ou la simple ardeur de l'âge qui donne au sang plus d'activité. — Comme le plâtre. J'ai un peu paraphrasé le texte : l'image est peut-être un peu singulière, mais elle n'en est pas moins belle. — Ils coulent en effet. C'est la continuation de la

COMMENTAIRE DU CHAPITRE PREMIER

métaphore de l'eau courante ; l'expression est hardie ; Aristote en a très rarement de pareilles. — Trop humides. Ceci peut se rapporter à ceux qui sont trop lents. — Ceux-là sont trop durs. Ceci se rapporte moins bien à ceux qui sont trop vifs.

§ 7. De cette impression de l'esprit. Même remarque qu'an paragraphe précédent. — Ou de l'objet même qui l'a produite. On suit combien la question est ingénieuse et délicate : bien éclaircie, elle expliquerait à fond ce merveilleux phénomène de la mémoire. Il n'y a pas de psychologiste moderne qui ait porté dans ces recherches plus de sagacité ni plus de science qu'Aristote. La psychologie écossaise n'a été ni plus fine ni plus exacte. — On contemple en soi. J'ai ajouté ces deux derniers mots pour rendre la pensée plus claire. — Ainsi l'animal peint sur le tableau. Comparaison ingénieuse et assez frappante. — La notion que l'âme contemple. J'ai paraphrasé le texte pour le rendre dans toute sa force. — Une représentation de l'esprit. Même remarque. Aristote emploie d'ailleurs ici le même mot qu'il vient d'employer. — Une image. L'expression dont se sert ici Aristote est toujours consacrée par lui aux images de l'esprit, aux images qui forment l'imagination. L'image n'est pas la même chose que la copie : ce dernier mot est réservé aux choses purement matérielles.

§ 8. Quand le mouvement de cet objet. Les commentateurs ont, en général, compris qu'il s'agissait ici de l'objet extérieur faisant impression sur la sensibilité. Je crois, au contraire, d'après le contexte, qu'il s'agit du phénomène seul de l'esprit. — Ainsi, c'est-à-dire dans ce qu'il est par lui-même, indépendamment de l'autre objet dont il est sa copie. — Quand elle considère l'objet. Michel d'Éphèse, et tous les commentateurs après lui, ont remarqué que ceci n'était guère qu'une répétition de ce qui précède.

§ 9. Quand des mouvements de ce genre, c'est-à-dire qui doivent former l'acte de la mémoire : il faut se rappeler que la sensation ne s'applique jamais qu'au présent, qu'à l'actuel, tandis que la mémoire s'applique au passé. On ne sait si la chose est présente, ou si elle l'a jadis été : si un la perçoit actuellement pour la première fois, ou si ou ne l'a pas déjà perçue. — De croire penser une chose, comme si elle se présentait à nous pour la première fois. — Croire.... en même temps. J'ai dû ajouter ces mots pour que la pensée fût claire et complète : peut-être n'aurait-il pas fallu dire seulement : « Et de nous souvenir ; » car alors nous avons bien réellement un souvenir. — Contemplant la chose même, qu'il pense et dont il ne se souvient pas. — L'image d'une autre chose. Le texte dit simplement : « Comme d'une autre. » Il semble que la suite de la pensée exigerait ici précisément la négation : il n'y a point de variante en ce sens, et je n'ai osé faire un changement aussi grave. On voit par le contexte que, dans cette première partie du paragraphe, il doit s'agir d'on souvenir qu'on prend pour une pensée nouvelle, puisque dans la seconde qu'Aristote prétend opposer, il s'agit au contraire d'une pensée nouvelle que l'on prend pour un souvenir. — Antiphéron d'Orée. Alexandre d'Aphrodise parle, d'après Aristote, de cet Antiphéron, dans son commentaire-sur le troisième livre de la Météorologie ; voir l'édition d'Ideler, t. II, p.121 . Il paraît qu'Antiphéron était sujet aussi à des hallucinations de la vue, qui tenaient à quelque infirmité de l'œil. — Qui ont eu des extases. Le mot d'extase est pris ici dans son sens propre, déplacement, bouleversement, changement d'état, et non dans le sens spécial où l'entend le mysticisme. — Considéré comme la copie. Ainsi, plus haut, l'esprit doit considérer une copie qui lui semble n'en être pas une.

§10. L'exercice et l'étude. Le texte n'a qu'un seul mot au pluriel ; on pourrait traduire aussi : « Les méditations, » comme l'ont fait plusieurs commentateurs. la suite explique, du reste, ce qu'Aristote entend par là.

§ 11. La présence dans l'esprit de l'image. Le texte dit seulement : « La possession de l'image. » — Le principe même de la sensibilité, le sens commun, qui nous donne la notion du temps ; voir le Traité de l'Ame , II, VI, 3. Le sens commun qui perçoit le mouvement perçoit aussi le temps que le mouvement mesure ; et l'organe du sens commun, dans les théories péripatéticiennes, c'est le coté, comme le remarque Léonicus. Le cœur est pour Aristote le principe de la vie.

CHAPITRE II

Théorie de la réminiscence : différences qui séparent la réminiscence de la mémoire et de la perception. — Mécanisme de la réminiscence : association des idées : phases diverses par lesquelles passe souvent l'esprit avant d'arriver au souvenir qu'il cherche : effets de l'habitude. — Importance de la notion du temps dans la réminiscence. La réminiscence est le privilège de l'homme : rapports de la réminiscence aux organes du corps : fatigue et trouble de l'esprit. La conformation du corps agit aussi sur la faculté de la réminiscence.

§ 1. Il ne nous reste plus qu'à parler de la réminiscence.

§ 2. D'abord, il faut admettre comme parfaitement démontrées toutes les vérités que nous avons avancées dans nos Essais. Ainsi, la réminiscence n'est, ni une réacquisition de la mémoire qu'on reprend, ni une première acquisition. En effet, quand on apprend quelque chose pour la première fois, ou qu'on éprouve une première impression, on ne peut pas certainement dire qu'on recouvre la mémoire, puisqu'il n'y a pas encore eu de mémoire antérieurement. On ne peut pas dire davantage que l'on acquière alors une première notion ; mais c'est seulement après que la connaissance a été acquise ou que l'impression a eu lieu, qu'il y a mémoire ; et ainsi, la mémoire n'arrive jamais dans l'esprit en même temps que l'impression sensible.

§ 3. De plus, à l'instant même où l'impression vient tout d'abord de se produire, dans un instant indivisible, et toute récente qu'elle est, l'impression est dans l'être qui la subit ; déjà même il y a science, si l'on peut toutefois appeler du nom de science cette disposition et cette impression. Bien qu'on puisse dire directement qu'on se rappelle aussi certaines choses que l'on sait, à proprement parler on ne peut faire acte de mémoire, à moins qu'il n'y ait déjà quelque temps d'écoulé ; on ne se rappelle actuellement que ce qu'on a su ou éprouvé antérieurement, et l'on ne se rappelle pas maintenant ce que maintenant on éprouve.

§ 4. Il est clair encore que se souvenir par la réminiscence, ce n'est pas seulement se rappeler maintenant qu'on a eu dans le principe une sensation ou une impression qu'on a éprouvée. Mais la réminiscence consiste à recouvrer la science ou la sensation qu'on avait eues auparavant, ou bien cet état qui constitue ce qu'on appelait la mémoire, je veux dire à se ressouvenir de l'une des choses qui ont été dites ; et le souvenir et la mémoire viennent alors à la suite de la réminiscence. Ce ne sont pas du reste des choses antérieures qui se reproduisent complètement de nouveau dans l'esprit ; mais il y a alors une partie des choses qui se reproduit et une partie qui ne se reproduit pas ; car la même personne pourrait très bien deux fois découvrir et apprendre la même chose. Il faut donc faire une différence entre la réminiscence dans ce dernier cas, et cette autre réminiscence qui s'applique à un état précédent de l'esprit plus complet que celui d'où l'on part pour apprendre.

§ 5. Du reste, les réminiscences se produisent parce que tel mouvement vient naturellement à la suite de tel autre. Si cette succession de mouvements est nécessaire, il est évident que quand tel mouvement aura lieu, il déterminera l'autre aussi. Si cette succession n'est pas nécessaire, mais simplement habituelle, il est seulement probable que le second mouvement aura lieu après le premier. Il y a, du reste, des gens qui, en une seule impression qui les émeut, contractent une habitude plus complète que d'autres par une suite d'émotions nombreuses. Il y a aussi des choses dont nous nous souvenons beaucoup mieux, pour les avoir vues une seule fois, que nous ne nous souvenons de certaines autres que nous avons mille fois vues. Lors donc que la réminiscence a lieu en nous, c'est que nous éprouvons de nouveau quelques-unes des émotions antérieures, jusqu'à ce que nous éprouvions l'émotion après laquelle celle-ci vient habituellement. Voilà aussi pourquoi notre esprit recherche ce qui a suivi, soit à partir de tel instant ou de tel autre, soit à partir d'une chose semblable ou contraire, soit même d'un objet simplement voisin ; et cet effort de l'esprit suffit pour produire la réminiscence. C'est que les mouvements causés par ces autres choses, tantôt sont identiques, tantôt sont simultanés, tantôt même comprennent en partie l'objet qu'on cherche, de sorte que le reste qui a été mis en mouvement à la suite n'est plus que très peu de chose à trouver ; c'est par ces recherches qu'on provoque la réminiscence.

§ 6. Sans même chercher ainsi, on a parfois la réminiscence, quand ce mouvement qu'il nous importe de retrouver se produit après tel autre ; mais le plus souvent, ce mouvement ne se produit qu'après les autres mouvements du genre de ceux dont nous venons de parler.

§ 7. Il n'est pas du tout besoin d'observer comment nous avons réminiscence des choses dès longtemps passées. Il suffit de

CHAPITRE II

savoir comment nous l'avons de celles qui sont récentes ; car il est évident que le procédé est le même, comme dans le cas où l'on dit la succession des choses sans recherche préalable et sans réminiscence. Les mouvements se suivent par une sorte d'habitude et l'un vient après l'autre ; et ainsi, quand on vaudra faire acte de réminiscence, c'est ce qu'on fera, et l'on n'aura qu'à chercher à remonter jusqu'au mouvement initial, après lequel viendra celui dont on a besoin.

§ 8. Voilà aussi comment les réminiscences sont d'autant plus rapides et plus complètes qu'on remonte jusqu'à l'origine ; car les rapports que les choses ont entre elles, en se suivant les unes les autres, se retrouvent entre les mouvements qu'elles donnent à l'esprit. Les choses les plus faciles à retenir sont celles qui ont un certain ordre, comme les mathématiques. Il y en a d'autres au contraire qu'on ne se rappelle que mal et péniblement ; et voilà la différence qui sépare la réminiscence d'un second apprentissage des choses. Pour la réminiscence, on peut aller en quelque sorte, de soi-même, aux conséquences qui viennent après le premier point d'où l'on est parti, tandis que quand on ne peut pas avancer tout seul, et qu'il faut recourir à autrui, c'est qu'on ne se souvient plus. Souvent il arrive qu'on est hors d'état de se rappeler, et que l'on peut fort bien chercher et trouver ; dans ce cas, l'esprit en est réduit à remuer une foule de choses avant d'arriver enfin à ce mouvement qui amènera à sa suite la chose même qu'il cherche. C'est que se souvenir par réminiscence, c'est précisément posséder dans son esprit la faculté motrice assez forte, comme on l'a dit, pour qu'on tire de soi-même, et des mouvements que l'on a en soi, le mouvement même qu'on cherche. Mais il faut reprendre les choses dès l'origine. Ce qui fait que quelquefois on arrive à se souvenir au moyen des choses en apparence les plus étrangères, c'est que l'esprit passe rapidement d'une chose à une autre : par exemple, de l'idée du lait il passe à celle de blanc, du blanc à l'air, et de l'air à l'humidité ; et, au moyen de cette dernière notion, il se rappelle l'automne, saison qui était précisément ce qu'on cherchait.

§ 9. On peut dire que le principe général d'où l'on doit partir, c'est le milieu même des choses qu'on veut se rappeler ; parce que si l'esprit n'a pu retrouver le souvenir avant ce point, il le retrouvera en arrivant à ce milieu ; ou bien c'est qu'il ne pourra plus le retrouver

Aristote

à une autre source. Supposons donc que l'on pense à cette série : A, B, C, D, E, F, G, H. Si l'on ne se rappelle pas quand on est à GH, on se souviendra quand on sera à E. En effet, de E, on peut remonter à la fois des deux côtés, soit à D soit à E. En supposant que l'on ne cherche pas quelqu'un de ces termes, on se souviendra en arrivant à C, si l'on cherche G ou F ; si ce n'est pas encore à C, on se souviendra en poussant jusqu'à A, et toujours de même.

§ 10. Ce qui fait que parfois une même chose excite en nous le souvenir, et parfois ne l'excite pas, c'est que l'esprit peut être poussé à plus d'une chose en partant d'un même principe, par exemple de C, on peut aller à F ou à D. Si donc le mouvement n'est pas dès longtemps habituel, l'esprit cède à celui qui lui est le plus ordinaire, parce que l'habitude est réellement comme une seconde nature. voilà pourquoi nous avons très vite les réminiscences des choses auxquelles nous pensons fréquemment ; car, de même que par nature, telle chose vient après telle autre, de même aussi l'acte de l'esprit produit cette succession ; et la répétition fréquente finit par faire une nature. Mais, si dans les choses de la nature, il y en a qui sont contre nature, et d'autres qui viennent du hasard, à bien plus forte raison ce désordre a-t-il lieu dans les choses qui dépendent de l'habitude, et dans lesquelles la nature n'a pas une puissance égale ; l'esprit peut donc bien quelquefois s'y mouvoir un peu à l'aventure, dans un sens ou dans l'autre, surtout quand on s'éloigne d'un premier point, et de celui-là à un autre. Voilà comment, quand c'est un nom, par exemple, qu'il faut se rappeler, on en trouve un qui lui ressemble, et comment l'on estropie celui qu'on cherchait.

§ 11. Telle est donc l'explication de la réminiscence.

§ 12. Ce qu'il y a de plus important ici c'est d'apprécier le temps, soit d'une manière précise, soit d'une manière indéterminée. Admettons qu'il y ait quelque chose dans l'esprit qui discerne un temps plus long et un temps plus court ; et il est tout simple qu'il en soit en ceci comme pour les grandeurs. Ainsi, l'esprit pense les choses qui sont grandes et éloignées ; et il ne faut pas pour cela que la pensée s'étende au dehors d'elle-même, comme on prétend dans quelques théories que s'étend la vision, parce qu'en effet l'esprit peut penser tout aussi bien ces choses, même quand elles n'existent pas ; mais l'esprit agit par un mouvement proportionnel, parce qu'il y a dans la pensée des formes et des mouvements semblables à ceux

CHAPITRE II

des objets.

§ 13. Quelle différence y aura-t-il donc quand l'esprit pensera des choses plus grandes ? Est-ce qu'il pense ces choses-là mêmes ? ou en pense-t-il de plus petites ? Toutes les choses du dedans ont beau être plus petites, elles n'en conservent pas moins leurs proportions avec celles du dehors. Il est possible, peut-être, que de même que pour les figures l'on peut établir des proportions, mais toujours dans l'esprit, de même ces proportions s'appliquent à des distances [de temps]. Prenons un exemple : si l'esprit se meut suivant BE, AB, il décrit la ligne AD ; car, AC et CD sont proportionnelles à AB et BE. Pour quoi donc l'esprit décrit-il plutôt CD que FG ? Est-ce parce que AC est à AB comme KH est à KM ? Ainsi donc, l'esprit se meut aussi suivant ces lignes en même temps. Mais si l'esprit veut penser à FG, il pense semblablement à BE, et il pense à KL au lieu de HI ; car ces lignes [FG, BE] sont entre elles comme FA est à BA.

§ 14. Ainsi donc, quand le mouvement de l'objet est simultané à celui du temps, il y a dès lors acte de mémoire. Que si l'on croit faire cette coïncidence, bien qu'on ne la fasse pas réellement, on croit simplement aussi se souvenir ; car on peut bien se tromper et s'imaginer se souvenir, quand vraiment on ne se souvient pas. Mais quand on fait acte de mémoire, il n'est pas possible de ne pas le croire, et d'ignorer qu'on se souvient, puisque c'est là précisément ce qui constitue le souvenir. Mais si le mouvement de l'objet se fait sans le mouvement du temps, ou à l'inverse, celui-ci sans celui-là, alors on ne se souvient point. D'ailleurs, le mouvement du temps est de deux sortes. Parfois on ne se rappelle pas les choses avec la mesure précise du temps ; et par exemple, si l'on a fait telle chose il y a trois jours, on se rappelle seulement qu'on l'a faite dans un temps quelconque. Parfois aussi l'on possède exactement la mesure du temps ; mais cette mesure n'est pas nécessaire pour que l'on se souvienne des choses. Et en effet, lorsqu'on se rappelle les choses sans la mesure du temps, ordinairement l'on dit qu'on s'en souvient bien, mais qu'on ne sait plus quand elles ont est lieu ; c'est que l'on ne sent pas ce Quand par une mesure suffisamment précise.

§ 15. On a dit précédemment que ce n'était pas toujours les mêmes hommes qui avaient de la mémoire et de la réminiscence.

§ 16. La mémoire diffère de la réminiscence autrement encore que par le temps ; ainsi, beaucoup d'animaux, sans compter l'homme, ont de la mémoire, tandis que parmi tous les animaux connus la réminiscence n'appartient, on peut dire, qu'à l'homme tout seul ; la cause de ce privilège, c'est que la réminiscence est une sorte de raisonnement. Quand on a une réminiscence, on fait ce raisonnement qu'antérieurement on a entendu, vu ou éprouvé quelque impression de ce genre ; et l'esprit fait alors une espèce de recherche. Mais cet effort n'est possible qu'aux animaux que la nature a doués de la faculté de vouloir ; et vouloir est bien aussi une sorte de raisonnement, de syllogisme.

§ 17. Ce qui prouve bien que cette faculté dépend en partie du corps, et que la réminiscence est une sorte de recherche que fait l'esprit dans l'image que le corps lui a transmise, c'est que quelques personnes se troublent tout à fait, quand elles ne peuvent se ressouvenir de quelque chose ; et tout en voulant cesser d'appliquer leur pensée à cette recherche et ne plus faire acte de réminiscence, elles sont tout à fait incapables de s'arrêter. C'est surtout ce qui arrive aux gens mélancoliques, précisément parce que les images agissent beaucoup plus sur leur esprit. Ce qui leur fait perdre la faculté d'arrêter leur réminiscence, c'est que comme ceux qui ont lancé un trait ne peuvent plus le rappeler, de même quand l'esprit fait effort pour un acte de réminiscence, et qu'il cherche péniblement, il émeut aussi quelque organe corporel, qui souffre de cette affection. Ceux qui alors se troublent le plus sont ceux qui ont, au siège de la sensibilité, quelque humidité ; car cette humidité ne s'arrête pas aisément quand une fois elle a été mise en mouvement, et elle ne cesse de s'agiter que quand l'esprit atteint la chose qu'il cherche et que le mouvement suit son cours régulier.

§ 18. Voilà pourquoi, quand la frayeur et la colère ont été une fois excitées, leur réaction même les empêche de s'arrêter ; mais elles réagissent à leur tour contre ces mêmes organes qui les ont excitées. La réminiscence alors affecte l'esprit à peu près comme ces mots, ces chants et ces discours qu'on a eus trop souvent à la bouche, et qu'on se surprend longtemps à chanter et à dire sans même qu'on le veuille.

§ 19. Il faut remarquer encore que ceux qui ont les parties supérieures du corps trop fortes, et qui ressemblent aux nains, ont moins de mémoire que ceux qui sont d'une conformation contraire, parce qu'ils ont un grand poids sur le siège de la sensibilité, et que les mouvements qu'elle reçoit n'y peuvent pas demeurer dès l'origine, mais qu'ils se perdent et qu'ils ne peuvent plus, au besoin, revenir directement et facilement dans l'acte de la réminiscence.

§ 20. Ceux qui sont trop jeunes et ceux qui sont trop vieux sont sans mémoire, à cause du mouvement dont ils sont agités ; ils sont tout absorbés, les uns par le développement qui se fait en eux, les autres par le dépérissement qui les emporte ; et l'on peut ajouter que les enfants conservent des formes analogues à celles des nains assez tard et pendant bien des années.

§ 21. Voilà ce que nous voulions dire sur la mémoire et sur l'acte qu'elle produit. Nous avons exposé quelle en est la nature, et par quelle partie de l'âme les animaux se souviennent ; nous avons dit également pour la réminiscence ce qu'elle est et comment elle se forme.

COMMENTAIRE CHAPITRE II

§ 1. De la Réminiscence. Michel d'Éphèse et, après lui, d'autres commentateurs ont cru devoir expliquer ici d'une manière générale la réminiscence, et montrer en quoi elle diffère de la mémoire. La réminiscence est, selon eux, l'acte par lequel nous complétons un souvenir incomplet. Il y a donc dans la réminiscence non pas un simple acte de mémoire, mais de plus un effort de notre intelligence pour réunir les fragments de souvenir que nous possédons déjà, et reconstituer le souvenir tout entier.

§ 2. Dans nos Essais. C'est ainsi que je crois pouvoir traduire les deux mots grecs qui, littéralement , signifient : « Dans les Discours Epichérématiques, » ou d'argumentation. Thémistius comprend que ce sont des ouvrages écrits d'une manière populaire, et où Aristote évitait les discussions trop profondes : ce qui justifie en partie ma traduction. Michel d'Éphèse croit que ce sont les Problèmes qui sont désignés ainsi, et les commentateurs ont souvent adopté cette conjecture. Mais les Problèmes, du moins tels que nous les possédons actuellement, ne renferment rien sur la mémoire, comme Léonicus le marque. Diogène de Laërce, dans son catalogue, parle aussi de Discours Épichérématiques ; mais ces discours sont en trois livres, selon lui : ce qui prouverait encore qu'il n'est pas question des Problèmes. — Ainsi. Il semble, par cette expression, qu'Aristote ne fait ici que résumer ce qu'il a développé ailleurs. — Qu'on recouvre la mémoire. Ce qui serait la réminiscence. — Une première notion. Je comprends le texte en ce sens avec Michel d'Ephèse. Quelques commentateurs ont compris que l'on acquière la mémoire dès l'origine, qu'on fait le premier acte qui constitue la mémoire. Cette interprétation ne s'accorde pas avec le contexte.

§ 3. Et toute récente qu'elle est. Le texte dit mot à mot : « Dans un instant indivisible et dernier. » Je ne sais si la périphrase que j'ai prise rend suffisamment la pensée ; mais je n'aurais pu l'exprimer dans toute sa portée qu'en la développant outre mesure. Aristote veut dire qu'au moment même indivisible où l'objet achève de faire l'impression qu'il doit produire, cette impression est défit dans l'être qui la subit. — Qui la subit. Le texte emploie le même radical que pour le mot d'« impression. » Notre langue n'a pu m'offrir les mêmes analogies. — Qu'on se rappelle, en revenant sur le passé. — Ce qu'on sait, actuellement en le sentant ou en le pensant. On ne peut donc confondre ces deux phénomènes, pas plus qu'on ne peut confondre ces deux moments du temps ; mais par une impropriété de langage, on peut dire qu'on se rappelle une chose qu'on apprend, par exemple, pour la seconde fois.

§ 4. Se souvenir par la réminiscence. Aristote dit seulement : « Se souvenir ; » et Léonicus remarque avec raison que le mot qui exprime un simple acte de mémoire doit signifier ici, d'après le contexte, un véritable acte de réminiscence. — Une impression qu'on a éprouvée, car alors ce serait un simple acte de mémoire. — De l'une des choses qui ont été dites. Tout ce paragraphe, qui est fort important, puisque c'est l'essence même de la réminiscence qui y est exposée, est obscur, comme le remarque Michel d'Éphèse. Aristote veut dire sans doute que la réminiscence consiste, par exemple, à se rappeler, à l'aide d'une seule chose qui a été dite, toutes celles dont elle était accompagnée. Je n'ai pu rendre la traduction plus claire, sous peine de refaire le texte. — Le souvenir et la mémoire. J'ai suivi l'édition de Berlin qui donne ici un nominatif au lieu d'un datif ; et avec ce simple changement d'accent, il n'est pas besoin de forcer le sens du texte, comme le propose Léoicus. — Une partie des choses qui se reproduit. En entendant ainsi l'expression dont se sert Aristote, la nature de la réminiscence appariait clairement. — Car la même personne. Ceci fait suite non pas au dernier membre de phrase, mais à celui qui le précède ; si la réminiscence ne faisait que reproduire les choses absolument et de toutes pièces, on pourrait la confondre avec cette science qui nous apprend une seconde fois ce que nous avions déjà su. — Plus complet que celui d'où l'on part pour appendre. Ceci se comprend fort bien ; dans la réminiscence, l'état de l'esprit est plus complet en ce qu'il a quelque fragment de souvenirs ; au contraire, c'est en quelque sorte de vide que part l'esprit pour apprendre quelque chose pour la première fois. On pourrait, par de simples changements d'accents, entendre cette fin du paragraphe de la manière suivante : « Un état plat complet de l'esprit d'où l'on part pour apprendre le reste de la chose. » Le paragraphe suivant pourrait justifier cette conjecture, qui, du reste, n'a pas pour elle les manuscrits.

§ 5. Tel mouvement, dans les choses ; on pourrait aussi comprendre : « telle émotion » dans l'esprit. — Il déterminera. Nécessairement, sous-entendu. — Une seule impression qui les émeut. Le texte dit : « Mouvement » ou émotion. — D'émotions, ou de mouvements, comme aussi dans les phrases suivantes. J'ai préféré émotions toutes les fois qu'il s'est agi de mouvements qui se passent dans la sensibilité. — Celle-ci, c'est-a-dire celle que nous cherchons dans l'acte de la réminiscence. J'ai dû conserver la concision du texte. — Sont identiques.... simultanés à celui que l'un cherche.

§ 6. Sans même chercher, c'est-à-dire qu'il suffit d'un fragment de souvenir qui nous vient à l'esprit, sans intervention de la volonté, pour réveiller le souvenir entier. — Qu'il nous importe de retrouver. J'ai ajouté ces mots pour compléter la pensée et la rendre parfaitement claire. — Dont nous venons de parler, c'est-à-dire les mouvements on émotions qu'ont provoqués les choses semblables ou contraires, ou les choses voisines ; voir le paragraphe précédent.

§ 7. Nous avons réminiscence. La texte dit encore ici : « Nous nous souvenons. » Comme plus haut, au § 4, je crois qu'il s'agit ici de la réminiscence : Michel d'Ephèse et Léonicus sont aussi de cet avis. — Sans recherche préalable, c'est-à-dire par un simple acte de mémoire.

Aristote

§ 8. Qu'elles donnent à l'esprit. J'ai ajouté ces mots pour que la pensée fût claire et complète. — Que mal et péniblement. On pourrait encore comprendre le texte un peu autrement : « Les choses qui sont mal en ordre ne se retiennent que difficilement. » — D'un second apprentissage des choses qu'on avait sues jadis, mais que depuis l'on a oubliées. — Qui viennent après le premier point d'où l'on est parti. Le texte dit mot à mot : « A ce qui est après le principe. » — C'est qu'on ne se souvient plus, ou plutôt qu'on ne peut plus faire acte de réminiscence ; voir plus haut §§ 7 et 4. — Hors d'état de se rappeler. Il faut encore entendre ceci dans le sens de la réminiscence. — Fort bien chercher, sans avoir aucune donnée préalable dont la possession constituerait précisément l'acte de la réminiscence. — Par réminiscence. J'ai dû ajouter ces mots pour que la pensée fût précise : le texte a simplement indiqué le souvenir, la mémoire, sans la nuance particulière de la réminiscence qu'il s'agit pourtant de déterminer. — La faculté motrice. On voit dans quel sens restreint il convient d'entendre ici ces mots : c'est la force qui s'applique à remuer les divers souvenirs d'où l'on tirera le souvenir complet que l'on cherche. — Comme on l'a dit. Ceci paraît un résumé général de tout ce qui précède plutôt qu'une répétition précise de ce qui aurait déjà été dit. — Des choses.... les plus étrangères. J'emprunte cette leçon, très ingénieuse et certainement très vraie, bien qu'elle n'ait pas pour elle l'autorité des manuscrits, à M. Hamilton, dans sa note D, aux œuvres complètes de Reid. Dans cette note, M. Hamilton a traduit et commenté avec une rare sagacité et une immense érudition toute la théorie d'Aristote sur la réminiscence. J'ai connu trop tard cet excellent travail, dont j'aurais été fort heureux de profiter. La leçon vulgaire, dans ce passage, est : « Des lieux communs, » et les commentateurs ont cru qu'il s'agissait des lieux communs de Rhétorique et de Topique. M. Hamilton, par le changement d'une lettre unique, a su découvrir la leçon qui peut seule s'accorder avec le contexte : je n'ai pas hésité à adopter cette correction toute grave qu'elle est ; et je crois qu'en étudiant ce passage, il sera très facile d'en reconnaître la justesse. On peut d'ailleurs se permettre, dans une traduction, ce qu'on ne risquerait pas dans une édition du texte.

§ 9. Le principe général d'où l'on doit partir. J'ai suivi l'édition de

Berlin, dont la leçon me parait préférable à toute autre, parce qu'elle s'accorde mieux avec le contexte. — Avant ce point. Le texte dit simplement : « Antérieurement. » — Que l'on pense, pour retrouver l'objet même que l'on cherche. — Si l'on ne se rappelle pas. Tout ce passage a été trouvé fort obscur par tous les commentateurs ; et de fait il est presque inintelligible en conservant la leçon ordinaire. J'ai pu y rétablir une clarté suffisante en déplaçant simplement un membre de phrase, et en mettant le premier celui qui d'ordinaire n'est que le second. Cette transposition n'est point autorisée par les manuscrits ; mais j'ai cru cependant pouvoir me la permettre, parce qu'elle suffit pour tout éclaircir. — Quand on est à GH, c'est-à-dire quand on va dans un certain sens ; et ici, par exemple, ce serait à droite, en ne s'en tenant qu'à l'exemple graphique et littéral. — J'ai adopté, du reste, la variante donnée par un manuscrit cité dans l'édition de Berlin. — Soit à D, c'est-à-dire à ce qui précède E à gauche. — Soit à E, c'est-à-dire à ce qui suit E à droite : tous les commentateurs ont reconnu qu'ici l'expression du texte était insuffisante. — Si l'on cherche G ou F. Ici encore le texte parait insuffisant ; mais les manuscrits n'offrent aucune variante ; et pour le rétablir, il faudrait supprimer ce membre de phrase, ou en supposer un autre tout entier, qu'il serait d'ailleurs facile de suppléer. — Et toujours de même. Si la série était plus longue que celle qu'on a supposée.

§ 10. Excite en nous le souvenir, L'acte de la réminiscence amène un souvenir entier. — Aller à F ou à D. Il aurait été peut-être plus clair de prendre l'une des deux lettres antérieures à C, au lieu de deux lettres qui le suivent. — L'acte de l'esprit produit cette succession. J'ai dû ici paraphraser le texte pour le rendre plus clair. — Qui sont contre nature. Cette antithèse est dans l'original. — Surtout quand on s'éloigne.... Le texte est beaucoup plus concis. — Estropie. Le texte dit mot à mot : « Fait un solécisme. »

§ 11. L'explication de la réminiscence. Ici finit la théorie de la réminiscence considérée à part. Le reste du chapitre sera consacré à la comparaison de la réminiscence et de la mémoire.

§ 12. De plus important ici, soit pour la réminiscence, soit pour la mémoire, auxquelles ces observations sont communes. — Quelques théories, celles d'Empédocle et de Platon ; voir plus haut, Traité de la Sensation, ch. II, §§ 4 et 5. — Ces choses, c'est-à-dire les grandeurs. — Quand elles n'existent pas. Il n'est pas besoin que la sensibilité s'applique à des choses actuelles et présentes pour que l'esprit les comprenne. Il suffit qu'il en ait reçu une fois l'impression pour qu'il se les représente même en leur absence. — Par un mouvement proportionnel. J'adopte la leçon que donne l'édition de Berlin : l'autre leçon, que donnent quelques éditions, est beaucoup moins satisfaisante, en ce qu'elle s'accorde moins bien avec le contexte, et qu'elle est moins précise.

§ 13. Quelle différence... Toute la pensée de ce paragraphe reste obscure, comme le remarque Michel d'Ephèse, quoique Aristote essaye de l'éclaircir par des lettres. Le sens général se comprend bien mais les détails sont très embarrassés. Aristote veut montrer par des figures géométriques qui sont proportionnelles, comment la proportion s'établit dans l'esprit entre les impressions qu'il a des objets et ces objets eux-mêmes ; et il soutient que, soit que l'on considère les réalités, ou les traces qu'elles ont laissées dans la mémoire, les rapports restent toujours les mêmes, et que l'esprit peut juger des uns aussi bien que des autres. — Ces choses-là mêmes avec des dimensions égales à celles de la réalité. — A des distances de temps. J'ai ajouté ces deux derniers mots qu'exige, ce me semble, la pensée pour être nette. — Prenons un exemple. Pour bien suivre cette démonstration, il faudrait tracer une figure géométrique qui serait construite de la façon suivante : un triangle dont le sommet serait en bas et la hase en haut, porterait à son angle inférieur la lettre A, à son angle de gauche la lettre B, à son angle de droite la lettre E. Deux ligues CD, FG seraient parallèles à la base. Ce premier triangle serait intérieur à un second disposé de la même façon, et portant les lettres K, L., H et I, répondant aux lettres A, F, C. B de l'autre. Sou angle de gauche serait marqué M. C'est là la figure qu'ont en général donnée les commentateurs, et à l'aide de la quelle on peut suivre le texte tel que je l'ai traduit. Les lettres varient beaucoup, comme on devait s'y attendre, d'un manuscrit à l'autre. Celles que j'ai adoptées s'accommodent à la figure que je liens de décrire. J'avoue, du reste, que la démonstration d'Aristote aurait été beaucoup plus claire s'il eût conservé la forme ordinaire. — Car ces lignes [FG, BE]. J'ai ajouté la parenthèse pour que la pensée fût tout à fait précise.

§ 14 . Quand le mouvement de l'objet, dans l'esprit, tout aussi bien que le mouvement du temps. — Acte de mémoire, et de réminiscence, comme l'ont remarqué les commentateurs ; car ceci s'adresse également aux deux phénomènes. — Seulement. J'ai ajouté ce mot pour faire sentir toute la force de la pensée. — Sans la mesure du temps, même remarque.

§ 15. Il semble assez difficile de justifier l'interposition de ce paragraphe, qui ne fait que répéter ce qui a été dit plus haut, ch. 1, § 1. Mais Aristote veut sans doute récapituler ici toutes les différences de la mémoire et de la réminiscence ; et il rappelle celle qu'il a déjà signalée antérieurement.

§ 16. Que par le temps. Il est probable que ceci veut désigner la durée plus ou moins longue qu'ont un acte de mémoire et un acte de réminiscence. — Une sorte de raisonnement, où intervient en partie une volonté libre et active, comme il est dit un peu plus bas.- De raisonnement, de syllogisme. J'ai mis les deux mots pour être plus clair, quoiqu'il n'y en ait qu'un seul dans le texte.

§17. Que le corps lui a transmise. Le texte dit simplement : « Dans une telle image, » Le contexte me semble justifier les mots que j'ai ajoutés. — Se ressouvenir, par réminiscence. — Aux gens mélancoliques. Cette observation, que l'on peut très aisément constater, est pleine de sagacité et de justesse. — D'arrêter leur réminiscence. Le texte est un peu moins précis. — Au siège de la sensibilité. Dans les théories péripatéticiennes, c'est le cœur, comme l'ont remarqué tons les commentateurs.

§ 18. Leur réaction même. Le texte est assez vague, bien qu'au fond la pensée soit assez claire. — Contre ces mêmes organes qui les ont excitées. Le texte dit simplement : « Contre le même. » J'ai cru devoir développer cette idée, qui, dans le texte, reste obscure. — Alors affecte, c'est-à-dire quand l'esprit n'est plus maître de lui-même.

§ 19. Sur le siège de la sensibilité. Voir plus haut la note du § 17. — Dès l'origine, c'est-à-dire à partir du premier moment qu'ils y ont été éprouvés. — Directement et facilement. Le texte n'a qu'un seul mot : « Aller tout droit. »

§ 20. Ceux qui sont trop jeunes. Voir plus haut une idée toute pareille, ch. 1, §, 6. Toutes ces observations physiologiques d'Aristote sont aussi exactes qu'ingénieuses : il n'est pas une faculté de l'esprit qui dépende plus que la mémoire de l'état général du corps et de sa constitution. Chacun peut s'en convaincre en s'observant soi-même. — A celles des nains. Les enfants ont en effet pendant très longtemps la tête tout à fait disproportionnée.

§ 21. Et sur l'acte qu'elle produit. Aristote prend ici un mot dont le radical est le même que celui du mot mémoire. Notre langue ne m'a pas offert d'égales ressources. — Je puis remarquer, en terminant ce petit traité, que depuis Aristote aucun psychologiste n'a traité de la mémoire plus profondément que lui. Ou peut voir ce qu'a fait l'École Écossaise.

ISBN : 978-1537087047

www.ingramcontent.com/pod-product-compliance
Lightning Source LLC
Chambersburg PA
CBHW060342290526
45793CB00003B/702